W0321644

© by Carl Ed. Schünemann KG, Bremen
www.schuenemann-verlag.de

Nachdruck sowie jede Form der elektronischen Nutzung
– auch auszugsweise – nur mit Genehmigung des Verlages.

Illustrationen: Andreas Röckener
www.roeckener.de

Satz und Buchgestaltung: Carl Schünemann Verlag Bremen

Printed in Germany 2009 | ISBN 978-3-7961-1937-8

Vier für Werder

Ulrike Hövelmann
Tino Polster

mit Illustrationen von Andreas Röckener

Carl Schünemann Verlag Bremen

Wo die Weser einen großen Bogen macht, da steht das Weser-Stadion. Hier spielt die Fußballmannschaft von Werder Bremen. Werder ist in der ganzen Welt bekannt, so wie die Stadtmusikanten.
Achtung: Anflug! Die vier wollen alles über Werder wissen und landen mitten auf dem grünen Rasen. Sie sind schon ganz gespannt …

Wusstest du das?

Das Spielfeld ist 105 Meter lang und 62 Meter breit. Das Tor ist 2,44 Meter hoch und 7,32 Meter breit. Der Torwart ist der einzige Spieler, der den Ball auch mit der Hand spielen darf.

Wie wird man eigentlich Fußballprofi?
Man muss natürlich Talent haben, so wie der Hahn zum Krähen und die Katze zum Mäuse fangen. Außerdem muss man es ganz doll wollen und üben, üben, üben! Man muss nichts lieber tun als Fußball spielen, von morgens bis abends. Vor allem aber muss einer merken, dass man Talent hat und was kann. Und dafür gibt es auf der ganzen Welt Fußball-Talentsucher. Bei den Fachleuten heißen sie Scouts. Und auch Werder Bremen hat solche Scouts.

Wusstest du das?

Diego kommt aus Brasilien. Er war 17, als die Werder-Scouts ihn zum ersten Mal beobachtet haben. Über Jahre hatte der Verein immer wieder Kontakt zu Diego und seiner Familie. 2006 ist er schließlich zu Werder Bremen gekommen.

Und wenn der Talentsucher einen tollen jungen Fußballspieler irgendwo im hintersten Harz oder ganz weit weg in Brasilien findet? Wo schläft der dann, wenn er zu Werder kommt?
Im Stadion, mitten auf dem Rasen, schläft man wohl nicht besonders gut. Im Sommer ginge das ja noch, aber im Winter oder bei Regen? Das wäre mächtig ungemütlich.

Deshalb schlafen die Talente natürlich in schönen Zimmern in der Ostkurve des Weser-Stadions. Und sie müssen dafür nicht einmal Räuber vertreiben wie die vier Stadtmusikanten damals im Wald. Werder hat ein eigenes Internat für seine jungen Spieler.

Wusstest du das?

Im Werder-Internat in der Ostkurve des Stadions ist Platz für 20 junge Nachwuchsspieler. Sie leben dort in Einzel- oder Doppelzimmern mit eigenem Bad. Jeden Tag gehen sie zur Schule und trainieren anschließend.

Die jungen Talente haben alle dasselbe Ziel: Sie wollen Profifußballer in der Bundesliga werden und mit dem Cheftrainer trainieren. Der Cheftrainer ist ein großer Fußballexperte. Er hat lange Zeit selbst gespielt, und ihm entgeht nichts. Der Trainer hat die Verantwortung dafür, dass auf dem Spielfeld alles klappt und die Mannschaft gewinnt. Aber er schafft die Arbeit nicht ganz alleine, andere Trainer und Betreuer helfen ihm dabei. Es gibt zum Beispiel einen Trainer, der nur mit dem Torwart übt. Geübt wird bei Werder natürlich fast jeden Tag und manchmal fährt die Mannschaft zum Training auch ins Trainingslager.

Wusstest du das?

Nicht nur elf Spieler gehören zu einem Team, sondern 20. Wenn ein Spieler krank wird, verletzt ist oder gerade nicht gut in Form ist, kann er nicht spielen. Der Trainer muss für jedes Spiel die elf Besten auswählen.

Wusstest du das?

Im Trainigslager wird dreimal täglich trainiert: Laufen, Zirkeltrainig, Üben mit dem Ball. Damit die Spieler sich nur auf das Training konzentrieren, bleiben sie nicht in Bremen, sondern fahren an einen anderen Ort, z.B. nach Norderney.

Zweimal im Jahr geht es zur Vorbereitung in ein Trainingslager, einmal im Sommer und einmal im Winter. Die Mannschaft muss hier noch härter trainieren als sonst, damit sie genug Kraft und Ausdauer für die vielen Spiele hat. Denn die Saison ist lang, besonders für die Werder-Spieler. Viele sind ja so gut, dass sie zusätzlich auch in ihren Nationalmannschaften spielen dürfen.

Vor dem Spiel müssen alle ungestört sein und sich konzentrieren. Deshalb ziehen sie schon am Vorabend ins Park Hotel. Sie essen zusammen Abendbrot, schlafen sich aus, frühstücken, und machen dann einen schönen Spaziergang durch den Bürgerpark. Anschließend wird es für alle Spieler sehr spannend: Der Cheftrainer teilt ihnen die Aufstellung mit und gibt wichtige Tipps, wie sie das Spiel gewinnen können. Jetzt weiß jeder, wo es langgeht!
Danach essen die Spieler Spaghetti und Milchreis mit Früchten, und sie trinken Mineralwasser oder Säfte. Das gibt Kraft für das Spiel. Und dann geht es endlich los!

Wusstest du das?

Ungefähr 25-mal pro Saison schlafen die Spieler im Bremer Park Hotel.

Der Bus wartet schon vor dem Park Hotel. Jeder Spieler hat seinen festen Platz und der Trainer sitzt natürlich vorne. Auf der Fahrt durch die Stadt sieht man überall grün-weiß, denn die Fans sind schon unterwegs zum Stadion. Sie wollen nichts verpassen. Der Bus fährt direkt hinein ins Weser-Stadion, bis vor die Spielerkabine.

Wusstest du das?

Der Werder-Mannschaftsbus ist von „Scania". Er ist 14 Meter lang und 17 Tonnen schwer, und es gibt 42 Sitzplätze. Pro Jahr fährt der Bus etwa 50.000 Kilometer durch Deutschland und andere europäische Länder.

Jetzt wird's spannend! Höchste Konzentration ist angesagt.

Auf jeden Fall müssen die Stadtmusikanten hier draußen bleiben. Der Cheftrainer will niemanden in der Kabine haben, nur seine Spieler, die Trainer und die engsten Betreuer.

Alle anderen würden stören, denn ab jetzt ist es so still, dass man eine Stecknadel fallen hören könnte. Jeder denkt nur noch an das Spiel.

Die beiden Mannschaften und der Schiedsrichter mit seinen Assistenten treffen sich kurz vor dem Rasen im Spielertunnel. Für 22 Kinder ist heute ein ganz großer Tag: Sie dürfen an der Hand der Spieler auf den „heiligen" Rasen laufen. Der Schiedsrichter gibt das Zeichen. Wenn alle zusammen aus dem Tunnel kommen, wackelt die Wand im Weser-Stadion. 42.000 Fans jubeln, sie freuen sich auf ein spannendes Spiel und feuern ihre Mannschaft an. Hoffentlich fällt bald das erste Tor.

Wusstest du das?

Die 22 Kinder, die an der Hand der Spieler einlaufen, sind zwischen sieben und neun Jahre alt. Bei jedem Heimspiel sind andere Kinder dabei. Die Anmeldeliste ist zurzeit so lang, dass man sich leider nicht mehr bewerben kann.

„Auf gehts, Werder schieß ein Tor!“, brüllen die Fans in der Ostkurve, und auf dem Spielfeld wirbelt die Mannschaft. Alle tun genau, was der Cheftrainer gesagt hat. Sie sind topfit und haben richtig Lust zu spielen. Und der Hahn kräht Werders Erfolg in die ganze Welt:

„Abschlag vom Torwart über das ganze Feld, angenommen, weitergespielt, Traumkombination, Hacke, Tooooooooooooooooor! Unhaltbar! 1:0 für Werder!“

Die Begeisterung kennt keine Grenzen, alle liegen sich in den Armen. So soll es weitergehen.

Wusstest du das?

42.000 Zuschauer passen ins Weser-Stadion. Kinder unter 14 zahlen auf bestimmten Plätzen nur die Hälfte. Kinder bis zwölf können Mitglied im „Kids-Club" werden und zusammen mit anderen ins Stadion gehen oder andere tolle Veranstaltungen besuchen.

Und der Hahn kräht wieder: „Die zweite Halbzeit ist zehn Minuten alt, puh, das wird schwer. Die gegnerische Mannschaft gibt sich noch lange nicht geschlagen. Aber Werder kämpft und stürmt Richtung gegnerisches Tor. Flanke von rechts, hoch in den Strafraum!"
Plötzlich schreien alle Zuschauer so laut, dass man es in der ganzen Stadt hören kann. Ein Verteidiger hat den Ball mit der Hand berührt, der Schiedsrichter entscheidet sofort auf Elfmeter.
Atemlose Stille. Wer wird schießen? Jetzt braucht man Nerven wie Drahtseile.

Der Cheftrainer hat an alles gedacht und schon vor dem Spiel den Schützen festgelegt. Der läuft an, der Torwart zappelt auf der Linie hin und her, dem Schützen kommt das Tor auf einmal ganz klein vor, aber er bleibt ruhig.

„Toooooor! 2:0 für Werder."

Die Fans jubeln: „Heimsieg!"

Und sie singen:

„Gegen Werder
kann man mal
verlieren!"

Wusstest du das?

70% aller Elfmeter gehen ins Tor. Elfmeter gibt es nach einem Foul oder nach einem Handspiel im Strafraum. Der Elfmeter wird auch „Elfer" oder „Strafstoß" genannt.

Großer Jubel, das Spiel ist aus, ein hartes Stück Arbeit ist vollbracht! Beide Mannschaften und die Schiedsrichter verabschieden sich fair voneinander. Und dann genießen die Werder-Spieler den Erfolg zusammen mit den Fans. Die haben für eine tolle Stimmung im Stadion gesorgt. Die Spieler bedanken sich, denn sie wissen, auch die Fans haben großen Anteil am Sieg.

„Gemeinsam sind wir stark!“, rufen die vier Stadtmusikanten und klatschen sich ab.

4
COACH

ESEL
KURIER

radio
WauWau

Ei
TV

Während die Spieler noch mit den Fans in der Ostkurve feiern, wollen die Leute vom Fernsehen schon alles ganz genau wissen. Sie befragen deshalb den Cheftrainer.
Der erklärt, was seine Spieler gut und was sie nicht so gut gemacht haben. Ein bisschen denkt er jetzt schon an das nächste Spiel. Denn in einer Saison von August bis Mai muss eine Mannschaft wie Werder Bremen fast 50-mal antreten. Weil es heute so gut gelaufen ist und die nächste Partie erst in einer Woche angepfiffen wird, gibt der Trainer allen einen Tag frei.

Und was machen die Spieler an einem freien Tag?
Fußball spielen mit ihren Freunden?

Es gibt zum Beispiel einen, der gerne fliegt.
Der fliegt auf dem Spielfeld durch seinen Kasten,
und in der Freizeit lässt er Modellflugzeuge fliegen.
Das ist der Torwart.
Manche Fußballspieler bleiben an ihrem freien Tag
auch einfach zu Hause und lesen ihren Kindern
etwas Schönes vor.

Wusstest du das?

Tolle Werder-Spieler wie Marco Bode, Dieter Eilts und der heutige Trainer Thomas Schaaf haben immer nur für Werder gespielt. Heute gibt es das nur noch selten. Die meisten Spieler wechseln mehrmals den Verein.

Ihre besten Spieler wollen die Fans am liebsten für immer behalten. Aber tatsächlich bleibt kaum ein Fußballstar länger als vier Jahre bei einem Verein. Profifußballer ist ein Beruf, und der Arbeitsplatz wechselt öfter mal. Wenn ein Spieler woanders hingeht, wird er vom Verein feierlich verabschiedet. Fast alle Spieler denken gerne an ihre Zeit in Bremen, und manchmal kommen sie sogar wieder zu Werder zurück.

Was ist eigentlich das Wuseum? Das wollen die vier Stadtmusikanten unbedingt noch wissen, bevor es zurück zum Rathaus geht. Also: Das Wuseum ist das Werder Bremen-Museum. Hier findet man alles, was es Wissenswertes über den Verein gibt. Und das ist eine ganze Menge, denn Werder Bremen ist schon weit über 100 Jahre alt!
Eins ist für die vier Freunde nach dem Besuch im Weser-Stadion klar, ihr neues Lieblingsstadtmusikantenlied heißt:
„Lebenslang grün-weiß!"

Wusstest du das?

Das Wuseum gibt es seit Dezember 2004. Werder-Fans können dort mehrere Hundert Ausstellungsstücke bestaunen, wie z.B. das Original-Trikot der brasilianischen Nationalmannschaft von Diego und die bronzene Olympiamedaille, die er im Sommer 2008 gewonnen hat.

Die Autoren

Ulrike Hövelmann ist 1954 in Bremen geboren und arbeitete zunächst als Lehrerin. 2003 gründete sie die Initiative BremerLeseLust. Heute ist Ulrike Hövelmann nach langjähriger Arbeit in der Bremischen Bürgerschaft im Stadtmarketing für Bildungs- und Sozialprojekte verantwortlich.

Tino Polster ist 1957 in Delmenhorst geboren. Bis 2001 war er Fußballkommentator bei RTL, Sat 1, Premiere und DSF. Seit 2002 arbeitet Tino Polster als Mediendirektor bei Werder Bremen.

Der Zeichner

Andreas Röckener ist 1956 in der Nähe von Münster geboren. Heute lebt er als freier Illustrator und Autor in Oststeinbek bei Hamburg. Kinderbücher sind ein Schwerpunkt seiner Arbeit.